Impressum

Verlag: BABADADA GmbH, Nedderfeld 112 , 22529 Hamburg

Geschäftsführer / Verlagsleitung: Harald Hof

Druck: Books on Demand GmbH, In de Tarpen 42, 22848 Norderstedt

Imprint

Publisher: BABADADA GmbH, Nedderfeld 112 , 22529 Hamburg, Germany

Managing Director / Publishing direction: Harald Hof

Print: Books on Demand GmbH, In de Tarpen 42, 22848 Norderstedt

el colegio

کلاس درس
el aula

تقسیم کردن
dividir

186/2

حیاط مدرسه
el patio de la escuela

تخته
el pizarrón

معلم
el maestro

کاغذ
el papel

نوشتن
escribir

خودکار
la birome

میز تحریر
el escritorio

خط کش
la regla

کتاب
el libro

دانش آموز
el alumno

کیف مدرسه
....
la mochila

جامدادی
....
la caja de lápices

مداد
....
el lápiz

تراش
....
el sacapuntas

پاک کن
....
la goma (de borrar)

دفتر رسم
....
el bloc de dibujo

طراحی

el dibujo

قلم مو

el pincel

جعبه ی آبرنگ

la caja de pinturas

قیچی

la tijera

چسب

el pegamento

کتاب تمرین

el cuaderno de ejercicios

تکلیف خانه

la tarea

رقم

el número

جمع کردن

sumar

تفریق کردن

restar

ضرب کردن

multiplicar

محاسبه کردن

calcular

حرف الفبا

la letra

ABCDEFG
HIJKLMN
OPQRSTU
VWXYZ

الفبا

el abecedario

کلمه

la palabra

متّن

el texto

خواندن

leer

گچ

la tiza

درس

la lección

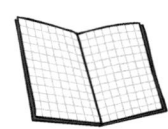

نام ثبت

el cuaderno de clase

امتحان

el examen

مدرک رسمی

el certificado

لباس مدرسه

el uniforme escolar

تحصیلات

la educación

دانشنامه

la enciclopedia

دانشگاه

la universidad

میکروسکوپ

el microscopio

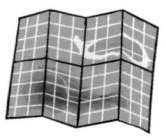

نقشه

el mapa

سبد کاغذ باطله

el tacho (de basura)

سفر

el viaje

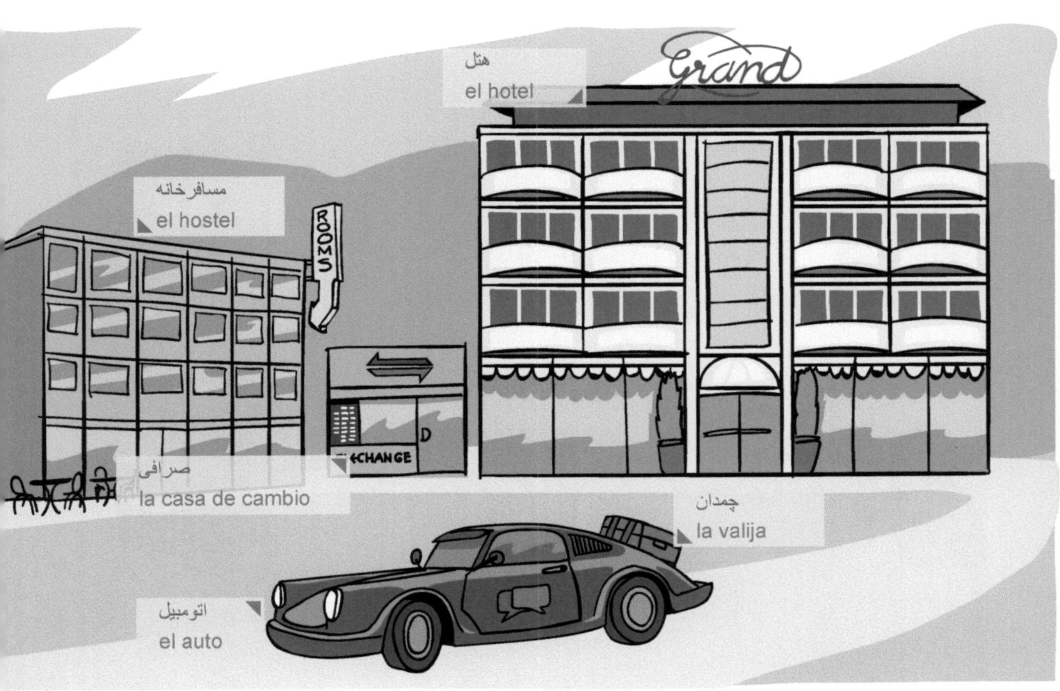

هتل
el hotel
Grand
مسافرخانه
el hostel
ROOMS
صرافی
la casa de cambio
چمدان
la valija
اتومبیل
el auto

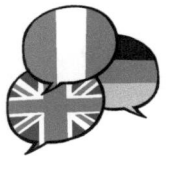

زبان

el idioma

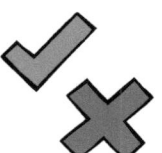

بله / خیر

sí / no

اُکی

Está bien

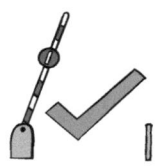

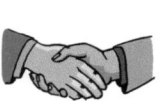

سلام

hola

مترجم

el traductor

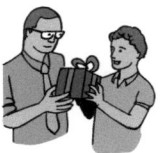

ممنون

Gracias

قیمت ... چه قَدر است؟

¿cuánto cuesta…?

من متوجه نمی شوم

No entiendo

مشکل

el problema

عصر بخیر! / شب بخیر!

¡Buenas tardes!

صبح بخیر!

¡Buenos días!

شب بخیر!

¡Buenas noches!

خداнگهدار

el adiós

جهت

la dirección

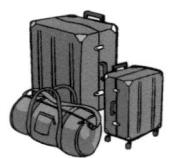

بار سفر

el equipaje

کیف

el bolso

کوله پشتی

la mochila

مهمان

el invitado

اتاق

la habitación

کیسه خواب

la bolsa de dormir

خیمه

la carpa

مرکز راهنمای گردشگران

la información turística

ساحل

la playa

کارت اعتباری

la tarjeta de crédito

صبحانه

el desayuno

نهار

el almuerzo

شام

la cena

بلیط

el pasaje

آسانسور

el ascensor

مهر

el sello

مرز

la frontera

گمرک

la aduana

سفارتخانه

la embajada

ویزا

la visa

گذرنامه

el pasaporte

حمل و نقل

el transporte

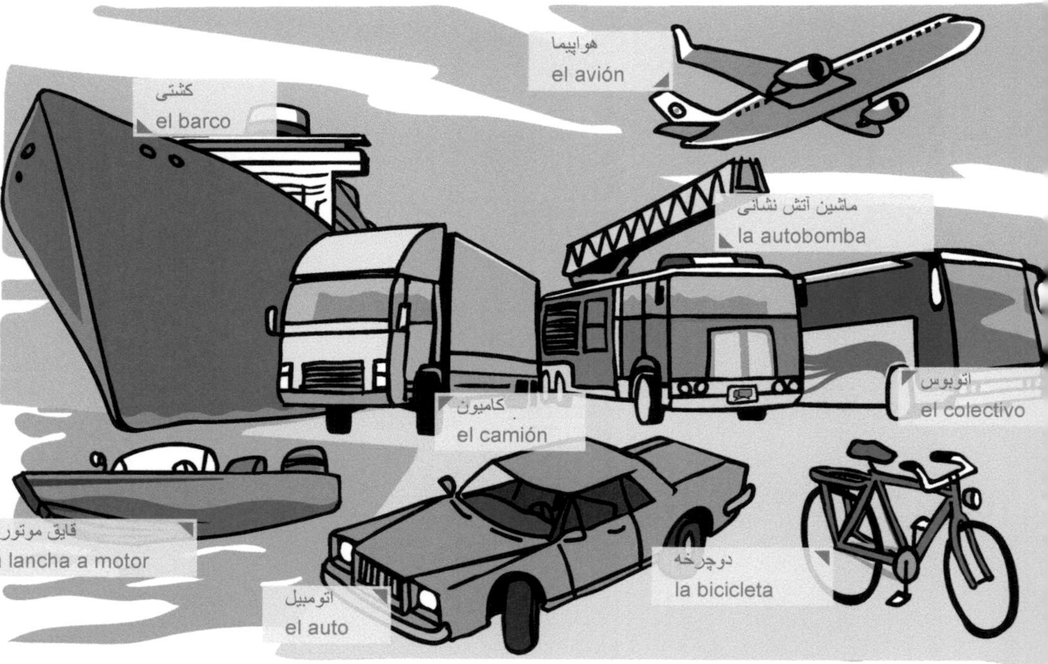

هواپیما
el avión
کشتی
el barco
ماشین آتش نشانی
la autobomba
اتوبوس
el colectivo
کامیون
el camión
قایق موتوری
la lancha a motor
دوچرخه
la bicicleta
اتومبیل
el auto

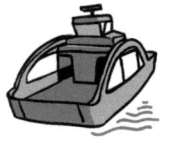

کشتی مسافربری

el ferry

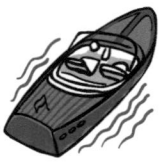

قایق

el bote

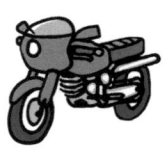

موتورسیکلت

la moto

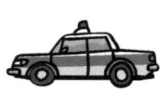

ماشین پلیس

el patrullero

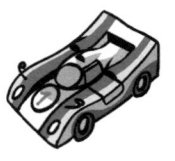

ماشین مسابقه

el auto de carreras

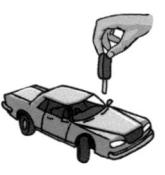

ماشین کرایه ای

el auto de alquiler

به اشتراک گذاری اتومبیل

el alquiler de autos

جرثقیل

la grúa

ماشین حمل زباله

el camión de la basura

موتور

el motor

بنزین

la nafta

پمپ بنزین

la estación de servicio

تابلو راهنمایی و رانندگی

la señal de tránsito

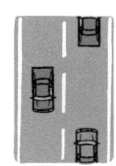

عبور و مرور

el tránsito

ترافیک

el embotellamiento

پارکینگ

el estacionamiento

ایستگاه قطار

la estación de tren

ریل راه آهن

las vías

قطار

el tren

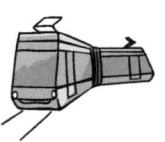

قطار برقی

el tranvía

واگن

el vagón

هليكوپتر

el helicóptero

فرودگاه

el aeropuerto

برج

la torre

مسافر

el pasajero

كانتينر

el contenedor

كارتن

la caja de cartón

گاری

la carretilla

سبد

la canasta

به پرواز درآمدن / فرود آمدن

despegar / aterrizar

شهر

la ciudad

دهکده

el pueblo

مرکز شهر

el centro de la ciudad

خانه

la casa

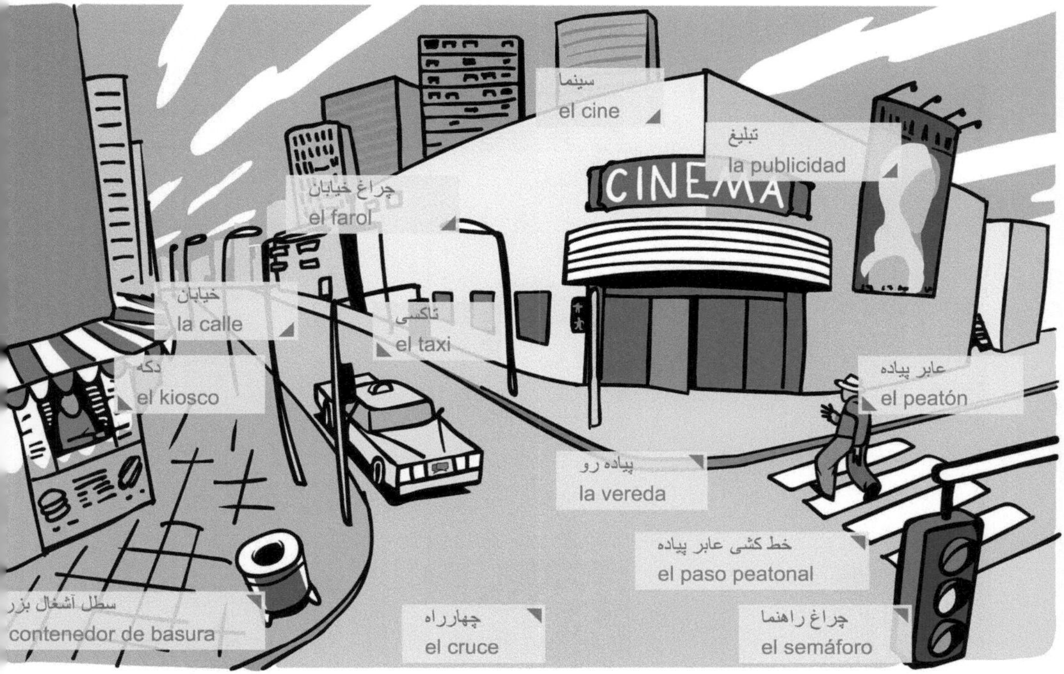

سینما
el cine

تبلیغ
la publicidad

چراغ خیابان
el farol

خیابان
la calle

تاکسی
el taxi

دکه
el kiosco

عابر پیاده
el peatón

پیاده رو
la vereda

خط کشی عابر پیاده
el paso peatonal

سطل آشغال بزرگ
contenedor de basura

چهارراه
el cruce

چراغ راهنما
el semáforo

کلبه
la cabaña

آپارتمان
el departamento

ایستگاه قطار
la estación de tren

ساختمان شهرداری
la municipalidad

موزه
el museo

مدرسه
el colegio

دانشگاه

la universidad

بانک

el banco

بیمارستان

el hospital

هتل

el hotel

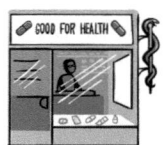

داروخانه

la farmacia

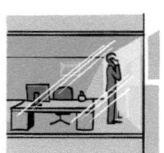

اداره

la oficina

کتابفروشی

la librería

مغازه

el negocio

گل فروشی

la florería

سوپرمارکت

el supermercado

بازار

el mercado

فروشگاه بزرگ

las grandes tiendas

ماهی فروش

la pescadería

مرکز خرید

el centro comercial

بندر

el puerto

پارک

el parque

نیمکت

el banco

پل

el puente

پله

las escaleras

مترو

el subte

تونل

el túnel

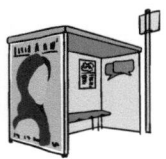

ایستگاه اتوبوس

la parada del colectivo

میخانه

el bar

رستوران

el restaurante

صندوق پست

el buzón

تابلوی خیابان

el letrero

دستگاه پارکومتر

el parquímetro

باغ وحش

el zoológico

استخر شنای عمومی

la pileta

مسجد

la mezquita

مزرعه

la granja

آلودگی محیط زیست

la contaminación

قبرستان

el cementerio

کلیسا

la iglesia

زمین بازی

los juegos infantiles

معبد

el templo

چشم انداز
el paisaje

برگ
la hoja

تابلوی راهنمای مسیر
el poste indicador

راه
el camino

چمنزار
la pradera

سنگ
la piedra

درخت
el árbol

راه نورد
el excursionista

رودخانه
el rio

گل
la flor

چمن
la hierba

دره
el valle

تپه
la montaña

دریاچه
el lago

جنگل
el bosque

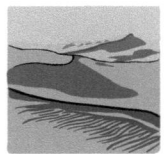

بیابان
el desierto

کوه آتشفشان
el volcán

قلعه
el castillo

رنگین کمان
el arco iris

قارچ
el champiñón

درخت نخل
la palmera

پشه
el mosquito

مگس
la mosca

مورچه
la hormiga

زنبور
la abeja

عنکبوت
la araña

سوسک

el escarabajo

قورباغه

la rana

سنجاب

la ardilla

جوجه تیغی

el erizo

خرگوش صحرایی

la liebre

جغد

la lechuza

پرنده

el pájaro

قو

el cisne

گراز

el jabalí

گوزن نر

el ciervo

گوزن شمالی

el alce

سد آب

la presa

توربین بادی

el aerogenerador

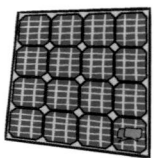

صفحه ی خورشیدی

el panel solar

آب و هوا

el clima

رستوران

el restaurante

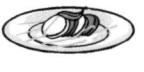

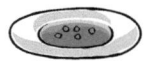

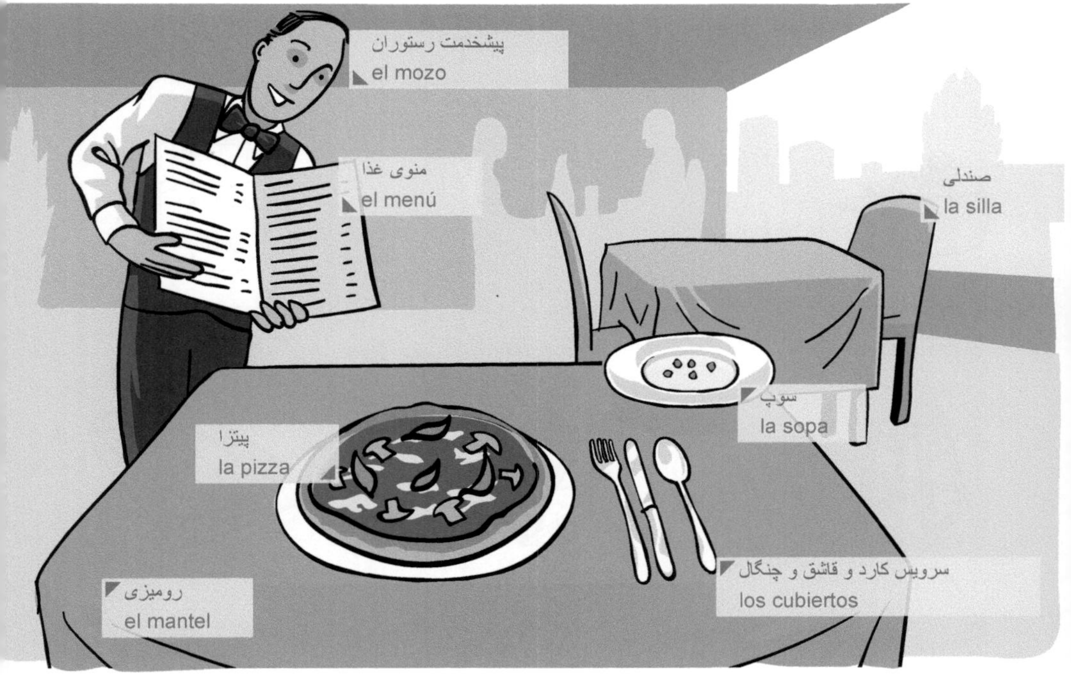

پیشخدمت رستوران
el mozo
منوی غذا
el menú
صندلی
la silla
سوپ
la sopa
پیتزا
la pizza
سرویس کارد و قاشق و چنگال
los cubiertos
رومیزی
el mantel

پیش‌غذا

la entrada

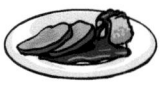

غذای اصلی

el plato principal

دسر

el postre

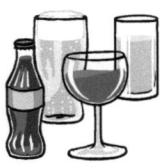

نوشیدنی ها

las bebidas

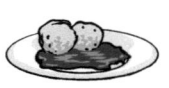

غذا

la comida

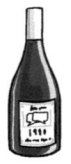

بطری

la botella

فست فود

la comida rápida

اغذیه خیابانی

la comida callejera

قوری

la tetera

قندان

la azucarera

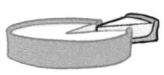

پُرس غذا

la porción

دستگاه اسپرسو

la cafetera expreso

صندلی پایه بلند غذاخوری بچه

la sillita alta

صورتحساب

la cuenta

سینی

la bandeja

چاقو

el cuchillo

چنگال

el tenedor

قاشق

la cuchara

قاشق چایخوری

la cucharita

دستمال سفره

la servilleta

لیوان

el vaso

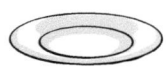

بشقاب

el plato

بشقاب سوپخوری

el plato hondo

نعلبکی

el plato

سس

la salsa

نمکدان

el salero

فلفل ساب

el molinillo de pimienta

سرکه

el vinagre

روغن خوراکی

el aceite

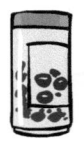

ادویه جات

las especias

سس کچاپ

el kétchup

سس خردل

la mostaza

سس مایونز

la mayonesa

سوپرمارکت

el supermercado

پیشنهاد ویژه
la oferta especial
FOR
مشتری
el cliente
لبنیات
los lácteos
میوه جات
la fruta
چرخ دستی خرید
el changuito

BUTCHERS

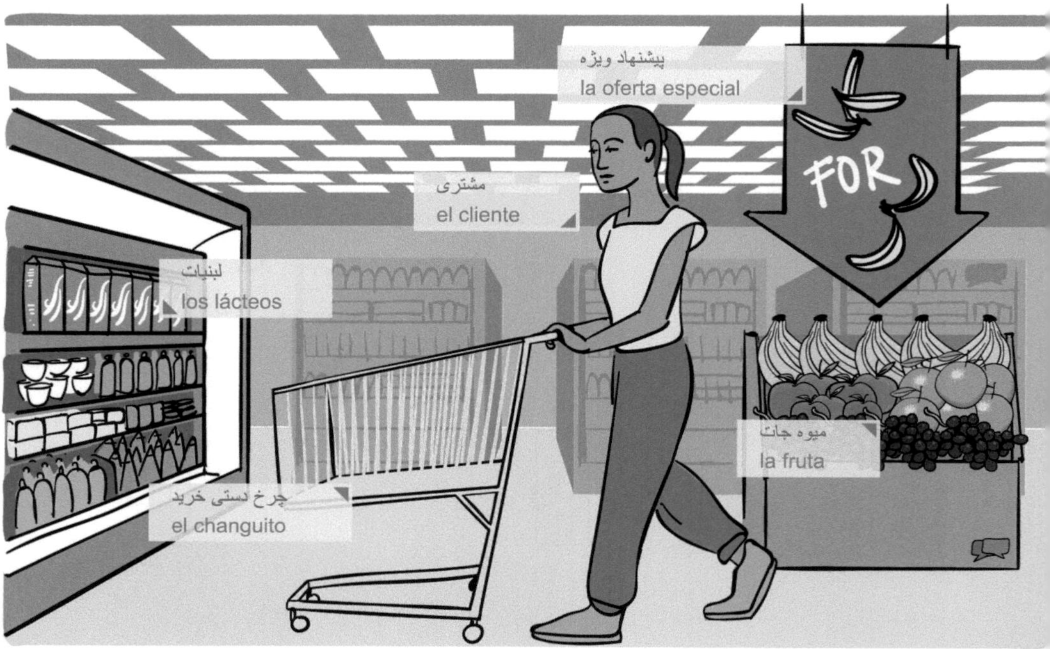

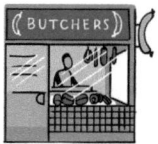

قصابی

la carnicería

BAKERY

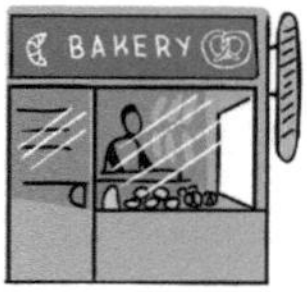

نانوایی

la panadería

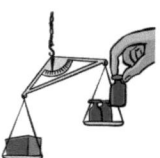

وزن کردن

pesar

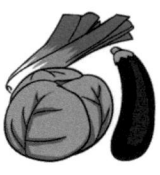

سبزیجات

las verduras

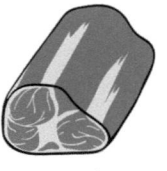

گوشت

la carne

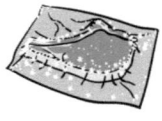

غذای منجمد

los alimentos congelados

مخلوطی از انواع کالباس یا پنیر که
ورقه ای بریده شده باشند

los fiambres

غذای کنسروی

los alimentos enlatados

پودر لباسشویی

el detergente en polvo

شیرینی جات

las golosinas

لوازم خانگی

los electrodomésticos

ماده شوینده و پاک کننده

los productos de limpieza

فروشنده

la vendedora

صندوق پرداخت

la caja

صندوقدار

el cajero

لیست خرید

la lista de compras

ساعات کار

el horario de atención

کیف پول

la billetera

کارت اعتباری

la tarjeta de crédito

کیف

la cartera

کیسه ی پلاستیکی

la bolsa de plástico

las bebidas

آب

el agua

آبمیوه

el jugo

شیر

la leche

نوشابه کوکاکولا

la bebida cola

شراب

el vino

آبجو

la cerveza

الکل

el alcohol

کاکائو

el cacao

چای

el té

قهوه

el café

قهوه اسپرسو

el café expreso

کاپوچینو

el cappuccino

la comida

موز

la banana

سیب

la manzana

پرتقال

la naranja

انواع هندوانه و خربزه

el melón

لیمو

el limón

هویج

la zanahoria

سیر

el ajo

نی بامبو

el bambú

پیاز

la cebolla

قارچ

el champiñón

آجیل

las nueces

ماکارونی

los fideos

اسپاگتی

los tallarines

برنج

el arroz

سالاد

la ensalada

سیب زمینی سرخ کرده

las papas fritas

سیب زمینی سرخ شده

las papas fritas

پیتزا

la pizza

همبرگر

la hamburguesa

ساندویچ

el sándwich

شنیتسل

el churrasco

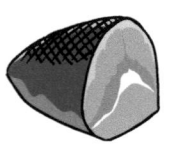

ژامبون خوک

el jamón

سالامی

el salame

سوسیس

la salchicha

مرغ

el pollo

نوعی گوشت سرخ شده

el asado

ماهی

el pescado

جوی پرک شده

los copos de avena

نوعی صبحانه مخلوطی از برگه ذرت و
میوه های خشک شده و خشکبار که
معمولا با شیر خورده می شود
el muesli

کورنفلکس

los copos de maíz

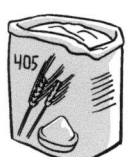

آرد

la harina

کرواسان

la medialuna

نان بروتشن

el pancito

نان

el pan

نان تست

la tostada

بیسکویت

las galletitas

کره

la manteca

کشک

la cuajada

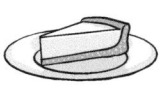

کیک

la torta

تخم مرغ

el huevo

ورمینِ غ مرغ تخم

el huevo frito

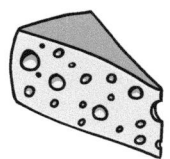

پنیر

el queso

بستنى

el helado

شكر

el azúcar

عسل

la miel

مربا

la mermelada

كرم شكلاتى بادامى

la pasta de chocolate

ادويه كارى

el curry

مزرعه
la granja

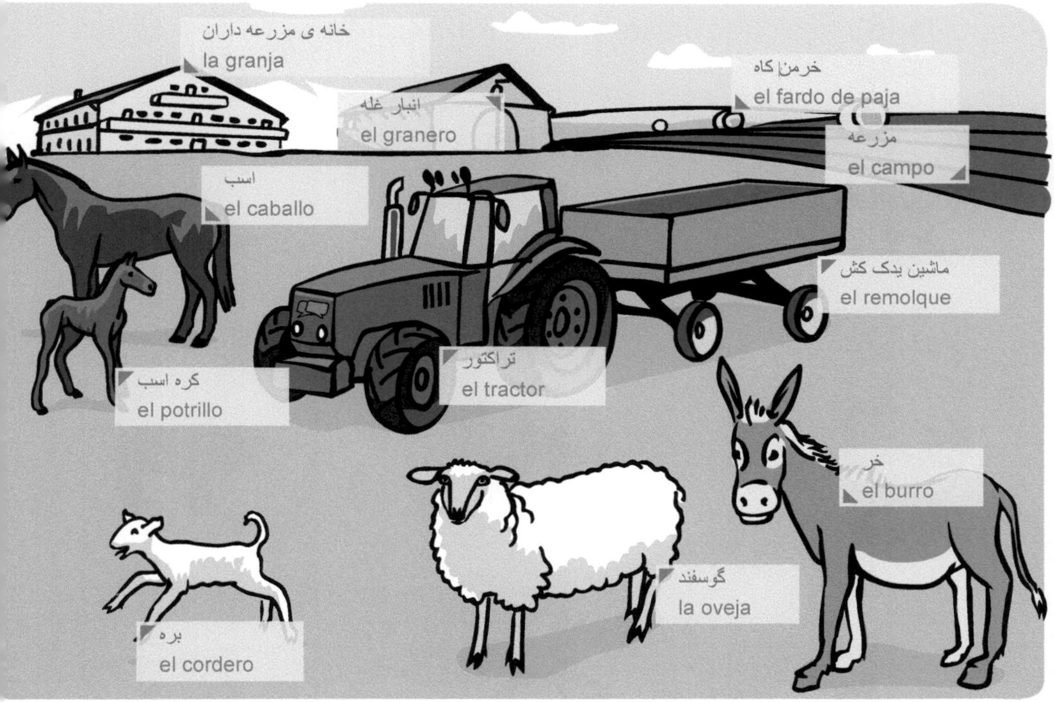

خانه ی مزرعه داران
la granja
انبار غله
el granero
خرمن کاه
el fardo de paja
مزرعه
el campo
اسب
el caballo
ماشین یدک کش
el remolque
کره اسب
el potrillo
تراکتور
el tractor
خر
el burro
گوسفند
la oveja
بره
el cordero

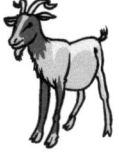

بز

la cabra

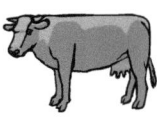

گاو ماده

la vaca

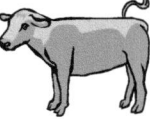

گوساله

el ternero

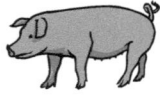

خوک

el cerdo

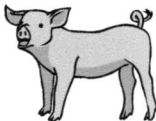

بچه خوک

el lechón

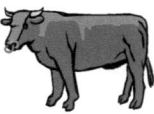

گاو نر

el toro

غاز

el ganso

اردک

el pato

جوجه

el pollo

مرغ

la gallina

خروس

el gallo

موش صحرایی

la rata

گربه

el gato

موش

el ratón

گاو نر اخته

el buey

سگ

el perro

لانه ی سگ

la cucha

شلنگ باغبانی

la manguera

آبپاش

la regadera

داس دسته بلند

la guadaña

گاوآهن

el arado

داس
....
la hoz

کج بیل
....
la azada

چنگک باغبانی
....
la horquilla

تبر
....
el hacha

فرقون
....
la carretilla

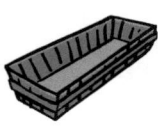

آبشخور
....
el abrevadero

بطری نگهداری شیر
....
la lechera

کیسه
....
la bolsa

حصار
....
la reja

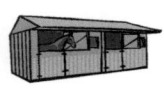

اصطبل
....
el establo

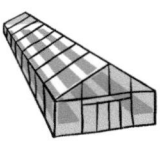

گلخانه
....
el invernadero

خاک
....
el suelo

بذر
....
la semilla

کود
....
el fertilizador

ماشین کمباین
....
la cosechadora

برداشت کردن محصول

cosechar

محصول

la cosecha

تمیس

las batatas

گندم

el trigo

سویا

la soja

سیب زمینی

la papa

ذرت

el maíz

کلزا

la semilla de colza

درخت میوه

el árbol frutal

گیاه مانیوک

la mandioca

غلات

los cereales

la casa

دودکش
la chimenea

پشت بام
el techo

ناودان
el caño de desagüe

پنجره
la ventana

گاراژ
el garaje

زنگ در
el timbre

در
la puerta

سطل آشغال
el tacho de basura

صندوق مراسلات
el buzón

باغ
el jardín

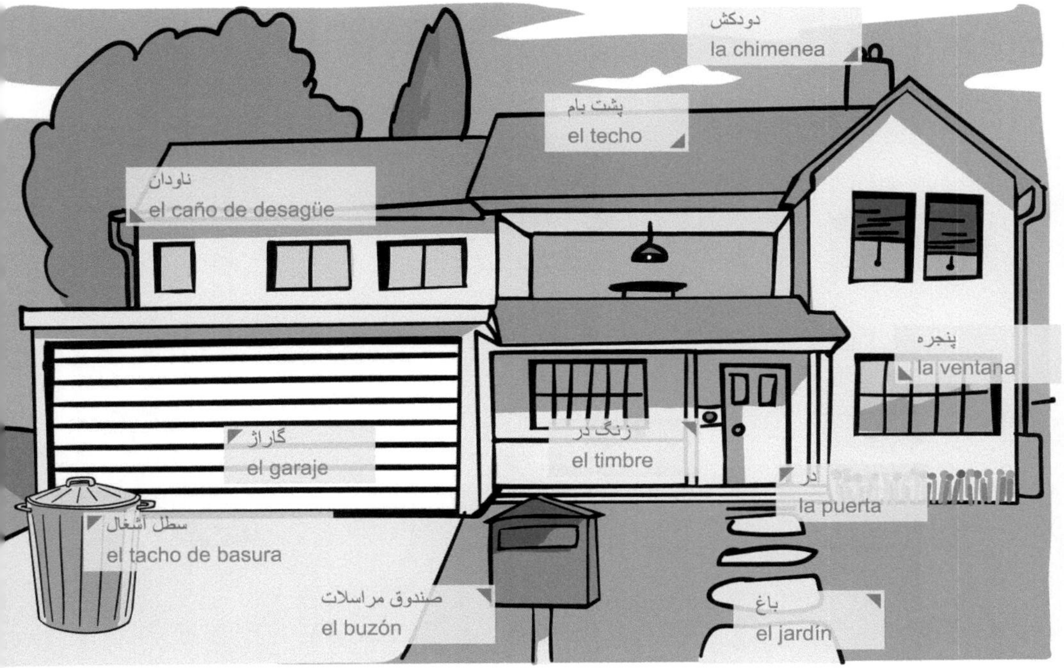

اتاق نشیمن
el living

حمام
el baño

آشپزخانه
la cocina

اتاق خواب
el dormitorio

اتاق بچه
el cuarto de los chicos

ناهارخوری
el comedor

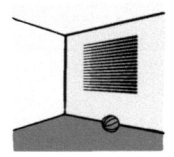

كف زمين

el piso

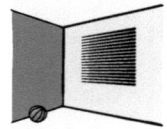

ديوار

la pared

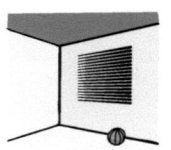

سقّف

el cielorraso

زيرزمين

el sótano

سونا

el sauna

بالكن

el balcón

تراس

la terraza

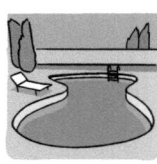

استخر

la pileta

ماشين چمنزنى

la cortadora de pasto

ملافه

la sábana

روتختى

el acolchado

تخت خواب

la cama

جارو

la escoba

سطل

el balde

سويچ يا كليد

el interruptor

كاغذ ديوارى
el empapelado

عكس
la imagen

لامپ
la lámpara

قفسه
el estante

كابينت
el armario

شومينه
la chimenea

تلويزيون
la televisión

گل
la flor

كوسن
el almohadón

كاناپه
el sofá

گلدان
el florero

كنترل تلويزيون و ويدئو و غيره
el control remoto

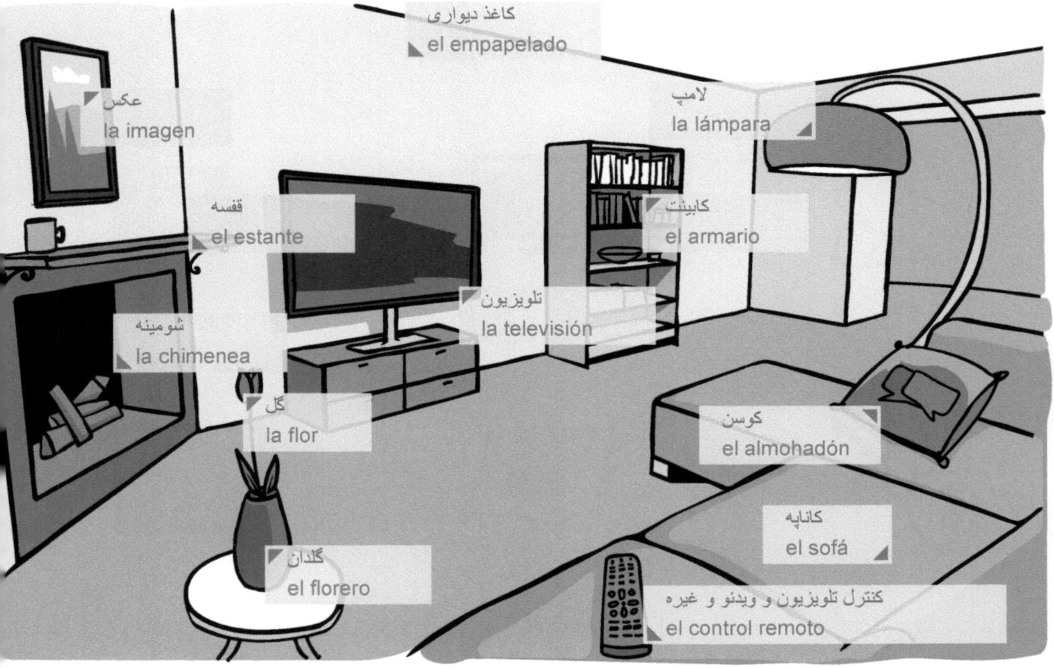

فرش
la alfombra

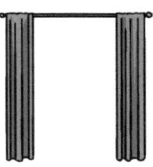

پرده
la cortina

ميز
la mesa

صندلى
la silla

صندلى گهواره اى
la mecedora

صندلى راحتى
el sillón

كتاب

el libro

لحاف

la frazada

دكوراسيون

la decoración

هيزم

la leña

فيلم

la película

دستگاه ضبط صوت

el equipo de música

كليد

la llave

روزنامه

el diario

تابلو نقاشى

la pintura

پوستر

el póster

راديو

la radio

دفترچه يادداشت

el cuaderno

جاروبرقى

la aspiradora

كاكتوس

el cactus

شمع

la vela

آشپزخانه
la cocina

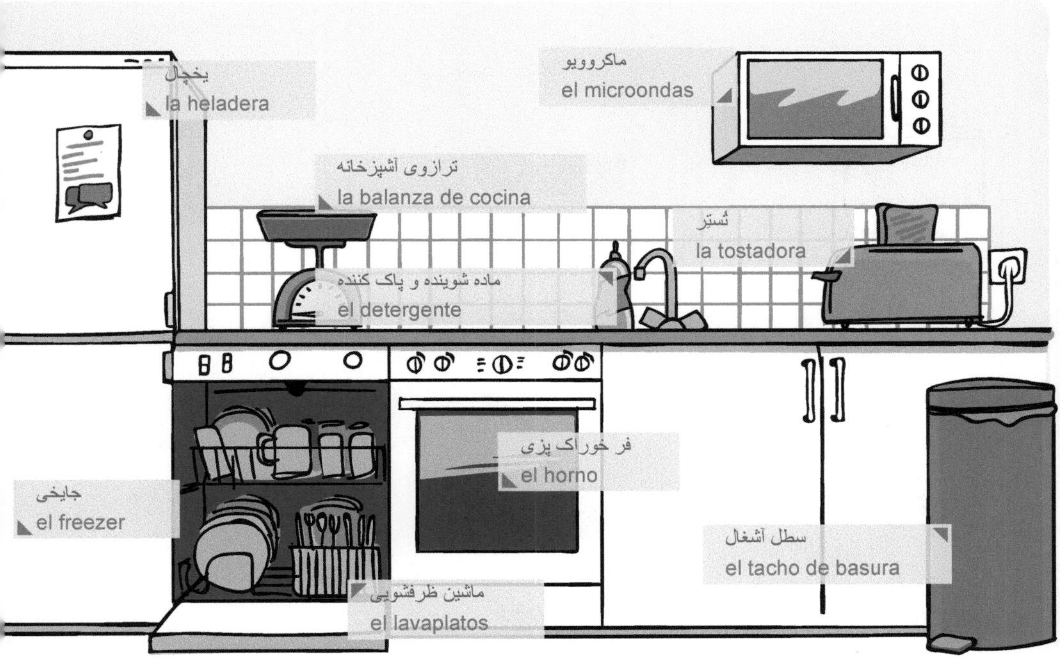

یخچال
la heladera
ماکروویو
el microondas
ترازوی آشپزخانه
la balanza de cocina
تُستر
la tostadora
ماده شوینده و پاک کننده
el detergente
فر خوراک پزی
el horno
جایخی
el freezer
سطل آشغال
el tacho de basura
ماشین ظرفشویی
el lavaplatos

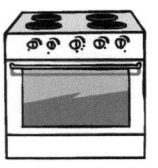

اجاق گاز

la cocina

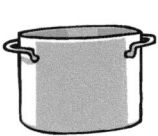

قابلمه

la olla

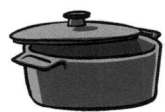

قابلمه چدنی

la olla de hierro fundido

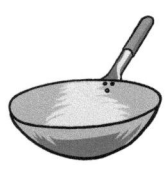

ماهی تابه گود

el wok

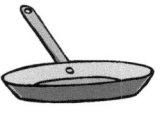

ماهی تابه

la sartén

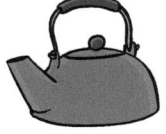

کتری

la pava

بخارپز

la vaporera

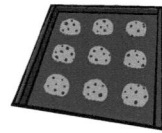

سینی فر

la bandeja de horno

ظرف چینی آشپزخانه

la vajilla

لیوان

la taza

كاسه

el bol

چاپستیک

los palitos

ملاقه

el cucharón

کفگیر

la espátula

همزن

la batidora

آبکش

el colador

آبکش

el colador

رنده

el rallador

هاون

el mortero

باربیکیو

la parrilla

محل مخصوص افروختن آتش

la fogata

تخته گوشت و سبزی

la tabla de picar

وردنه

el palo de amasar

در بطری بازکن

el sacacorchos

قوطی

la lata

در قوطی بازکن

el abrelatas

دستگیره پارچه ای

la manopla

سینک ظرفشویی

la pileta

برس گردگیری

el cepillo

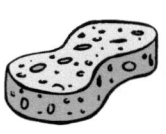

اسفنج

la esponja

مخلوط کن

la batidora

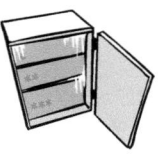

فریزر

el congelador

شیشه شیر بچه

la mamadera

شیر آب

la canilla

el baño

بخاری
la calefacción

دوش
la ducha

حوله
la toalla

پرده ی حمام
la cortina de la ducha

حمام کف
el baño de espuma

وان حمام
la bañadera

ليوان
el vaso

ماشین لباسشویی
el lavarropas

کاشی
las baldosas

شیر آب
la canilla

لگن دستشویی کودکان
la pelela

سینک ظرفشویی
la pileta

توالت
el inodoro

توالت ایرانی
la letrina

کاسه توالت
el bidé

توالت مخصوص آقایان
el mingitorio

دستمال توالت
el papel higiénico

فرچه توالت
el cepillo para el inodoro

مسواک

el cepillo de dientes

خمیردندان

el dentífrico

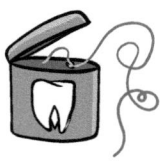

نخ دندان

el hilo dental

شستن

lavar

دوش آب تلفنی

la ducha de mano

شلنگ توالت

la ducha higiénica

لگن روشویی

la palangana

برس شست و شوی پشت

el cepillo para la espalda

صابون

el jabón

شامپو بدن

el gel de ducha

شامپو

el shampoo

لیف حمام

la toallita

راه آب

el desagüe

کرم

la crema

اسپری دئودورانت

el desodorante

آیینه

el espejo

آیینه ی کوچک دستی

el espejito

تیغ ریش تراشی

la maquinita de afeitar

کف ریش تراشی

la espuma de afeitar

أفترشیو

el aftershave

شانه ی سر

el peine

برس

el cepillo

سشوار

el secador de pelo

اسپری مو

el spray

آرایش

el maquillaje

رژلب

el lápiz de labios

لاک ناخن

el esmalte para uñas

پنبه

el algodón

قیچی ناخن

la tijera para uñas

عطر

el perfume

کیف لوازم آرایشی و بهداشتی

el portacosméticos

چهارپایه

la banqueta

ترازو

la balanza

حوله ی پالتویی

la bata

دستکش ظرفشویی

los guantes de goma

تامپون

el tampón

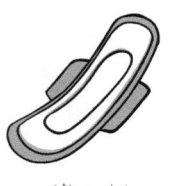

نوار بهداشتی

la toallita femenina

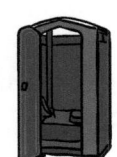

توالت سیار

el baño químico

اتاق بچه

el cuarto de los chicos

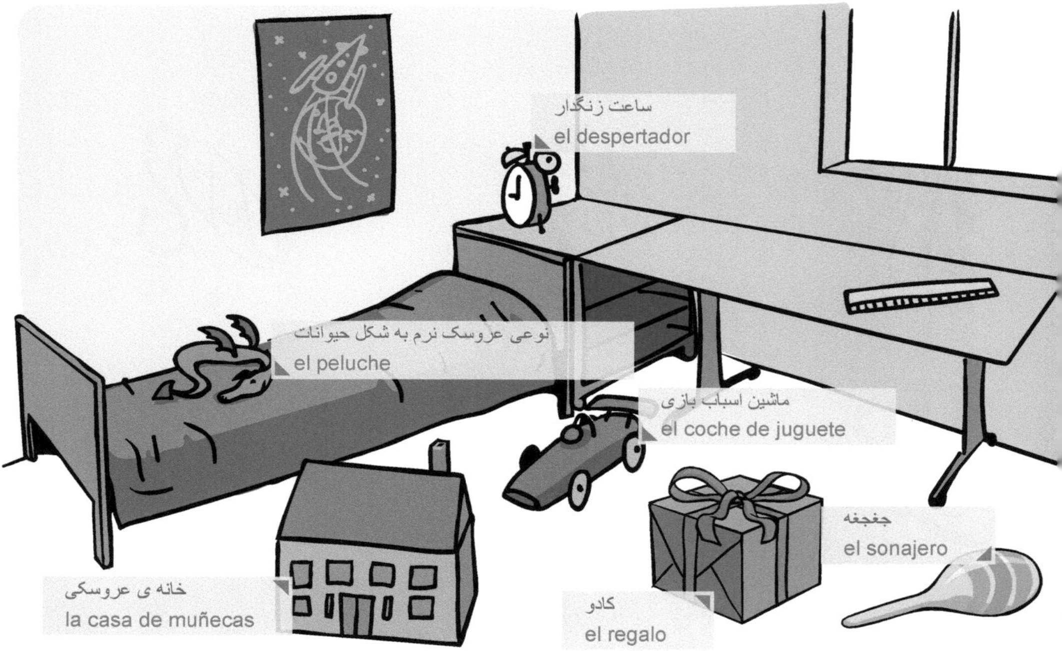

ساعت زنگدار
el despertador
نوعی عروسک نرم به شکل حیوانات
el peluche
ماشین اسباب بازی
el coche de juguete
جغجغه
el sonajero
خانه ی عروسکی
la casa de muñecas
کادو
el regalo

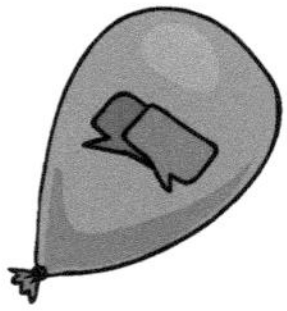

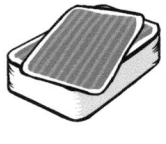

بادکنک

el globo

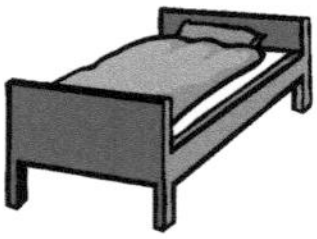

تخت خواب

la cama

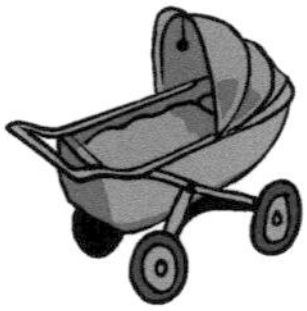

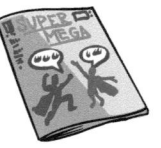

کالسکه بچه

el cochecito

بازی ورق

las cartas

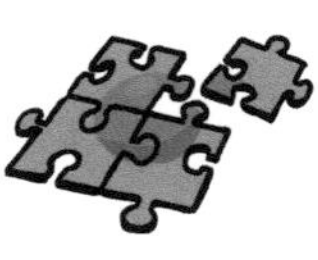

پازل

el rompecabezas

SUPER MEGA

داستان مصور

la historieta

اسباب بازی لگو
las piezas de lego

خانه سازی
los ladrillos de juguete

عروسک شخصیت های فیلم و کارتون

la figura de acción

لباس نوزاد
el enterito (de bebé)

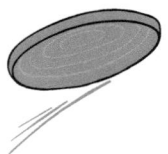

فریزبی
el frisbee

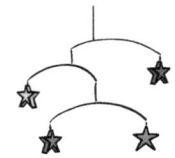

نوعی اسباب بازی که روی تخت نوزاد
یا کودک نصب می شود

el móvil para bebés

بازی روی صفحه
el juego de mesa

تاس
los dados

قطار اسباب بازی
el tren eléctrico

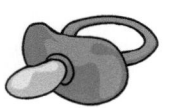

پستانک
el chupete

مهمانی
la fiesta

کتاب مصور
el libro de cuentos ilustrado

توپ
la pelota

عروسک
la muñeca

بازی کردن
jugar

جعبه شنی مخصوص بازی کودکان

el arenero

تاب

la hamaca

اسباب بازی

los juguetes

کنسول بازی های کامپیوتری

la consola de videojuegos

سه چرخه

el triciclo

خرس عروسکی

el osito de peluche

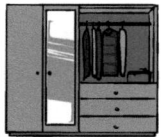

کمد لباس

el armario

لباس

la ropa

جوراب

las medias

جوراب زنانه ساق بلند

las medias panty

جوراب شلواری

las calzas

شال
la bufanda

چتر
el paraguas

تی شرت
la remera

كمربند
el cinturón

پوتین
las botas

دمپایی
las pantuflas

كفش ورزشی کتانی
las zapatillas

صندل
las sandalias

كفش
los zapatos

چكمه پلاستیكی
las botas de goma

شُرت
la ropa interior

سوتین
el corpiño

جليقه
el chaleco

بادی

el body

شلوار

los pantalones

جین

los jeans

دامن

la pollera

بلوز

la blusa

پیراهن

la camisa

پولیور

el pulóver

سویی شرت

el buzo

نوعی کت

el blazer

ژاکت

la campera

کت بلند

el tapado

بارانی

el piloto

لباس نمایش

el traje

لباس

el vestido

لباس عروس

el vestido de novia

کت و شلوار

el traje

لباس خواب زنانه

el camisón

پیژامه

el pijama

ساری

el sari

روسری

el pañuelo para la cabeza

عمامه

el turbante

برقع

la burka

قبا

el caftán

عبا

la abaya

لباس شنا

el traje de baño

شرت شنا

el short de baño

شلوارک

los shorts

لباس ورزشی

el jogging

پیشبند

el delantal

دستکش

los guantes

دکمه

el botón

عینک

los anteojos

دستبند

la pulsera

گردنبند

el collar

انگشتر

el anillo

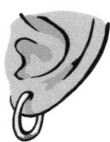

گوشواره

el aro

کلاه لبه دار

la gorra

چوب لباسی

la percha

کلاه

el sombrero

کراوات

la corbata

زیپ

el cierre

کلاه ایمنی

el casco

بند شلوار

los tiradores

لباس مدرسه

el uniforme escolar

لباس فرم

el uniforme

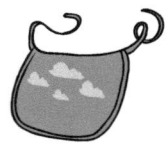

پیش بند بچه

el babero

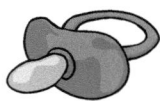

پستانک

el chupete

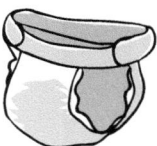

پوشک بچه

el pañal

اداره
la oficina

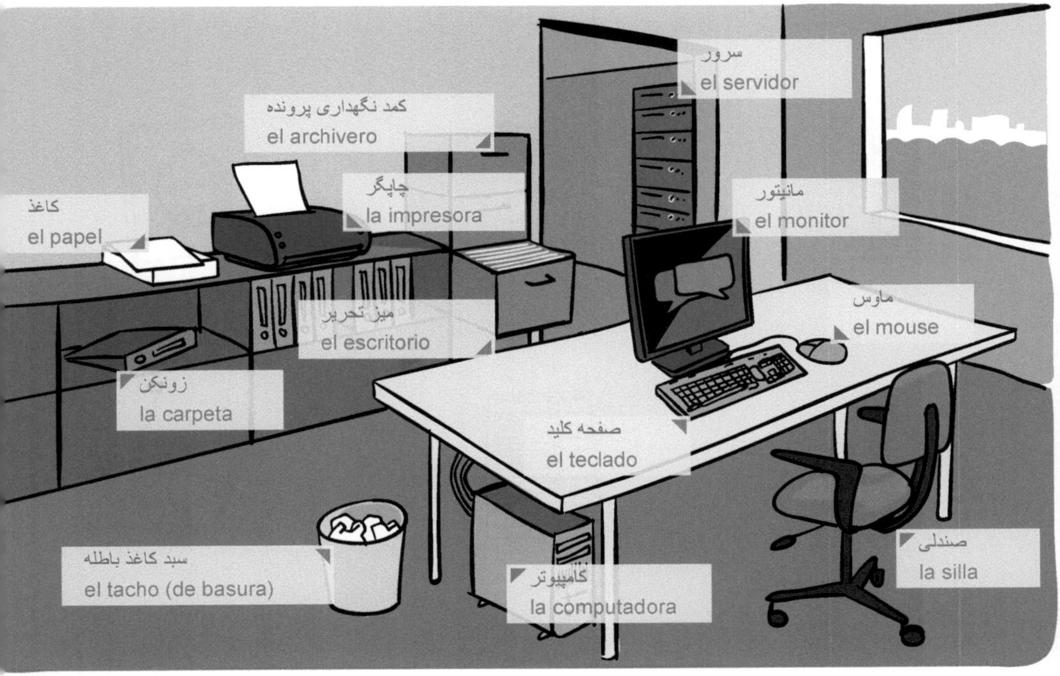
سرور
el servidor
کمد نگهداری پرونده
el archivero
چاپگر
la impresora
کاغذ
el papel
مانیتور
el monitor
ماوس
el mouse
میز تحریر
el escritorio
زونکن
la carpeta
صفحه کلید
el teclado
صندلی
la silla
سبد کاغذ باطله
el tacho (de basura)
کامپیوتر
la computadora

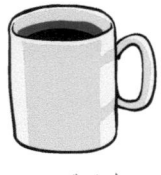

لیوان قهوه

la taza de café

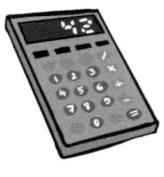

ماشین حساب

la calculadora

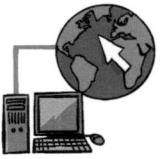

اینترنت

el internet

لپ تاپ

la laptop

نامه

la carta

پیغام

el mensaje

تلفن همراه

el celular

شبکه ی ارتباطی

la red

دستگاه فتوکپی

la fotocopiadora

نرم افزار

el software

تلفن

el teléfono

پریز

el tomacorriente

دستگاه فاکس

el fax

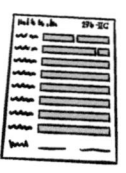

فرم

el formulario

مدرک

el documento

خریدن

comprar

پرداخت کردن

pagar

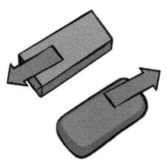

تجارت کردن

hacer negocios

پول

el dinero

دلار

el dólar

یورو

el euro

ین

el yen

روبل

el rublo

فرانک سوئیس

el franco suizo

یوان رنمینبی

el yuan

روپیه

la rupia

دستگاه خودپرداز

el cajero automático

صرافى

la casa de cambio

طلا

el oro

نقره

la plata

نفت

el petróleo

انرژى

la energía

قیمت

el precio

قرارداد

el contrato

مالیات

el impuesto

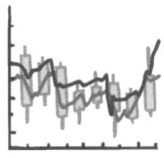

سهام سرمایه

la acción

کار کردن

trabajar

کارمند

el empleado

کارفرما

el empleador

کارخانه

la fábrica

مغازه

el negocio

اقتصاد - la economía

مشاغل
las ocupaciones

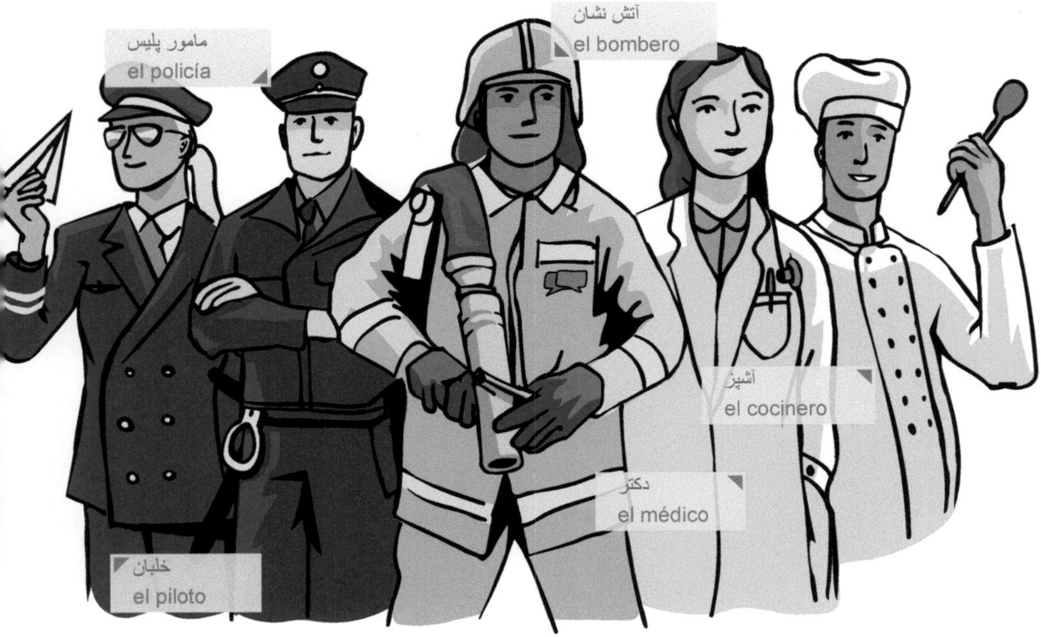
آتش نشان
el bombero
مامور پلیس
el policía
آشپز
el cocinero
دکتر
el médico
خلبان
el piloto

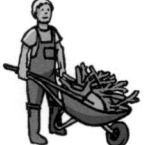

باغبان
el jardinero

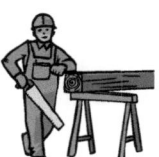

نجار
el carpintero

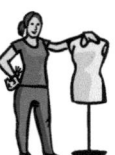

خیاط زنانه
la modista

قاضی
el juez

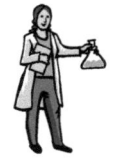

شیمیدان
el farmacéutico

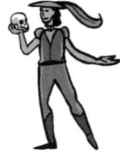

بازیگر
el actor

راننده اتوبوس

el colectivero

راننده تاکسی

el taxista

ماهیگیر

el pescador

نظافتچی زن

la mucama

سقف ساز

el techista

پیشخدمت رستوران

el mozo

شکارچی

el cazador

نقاش

el pintor

نانوا

el panadero

برقکار

el electricista

کارگر ساختمانی

el albañil

مهندس

el ingeniero

قصاب

el carnicero

لوله کش

el plomero

پستچی

el cartero

سرباز

el soldado

معمار

el arquitecto

صندوقدار

el cajero

گل فروش

el florista

آرایشگر

el peluquero

مامور کنترل بلیط در قطار

el cobrador

مکانیک

el mecánico

ناخدا

el capitán

دندانپزشک

el dentista

دانشمند

el científico

عالم یهودی

el rabino

امام

el imán

راهب

el monje

كشيش

el sacerdote

ابزارآلات

las herramientas

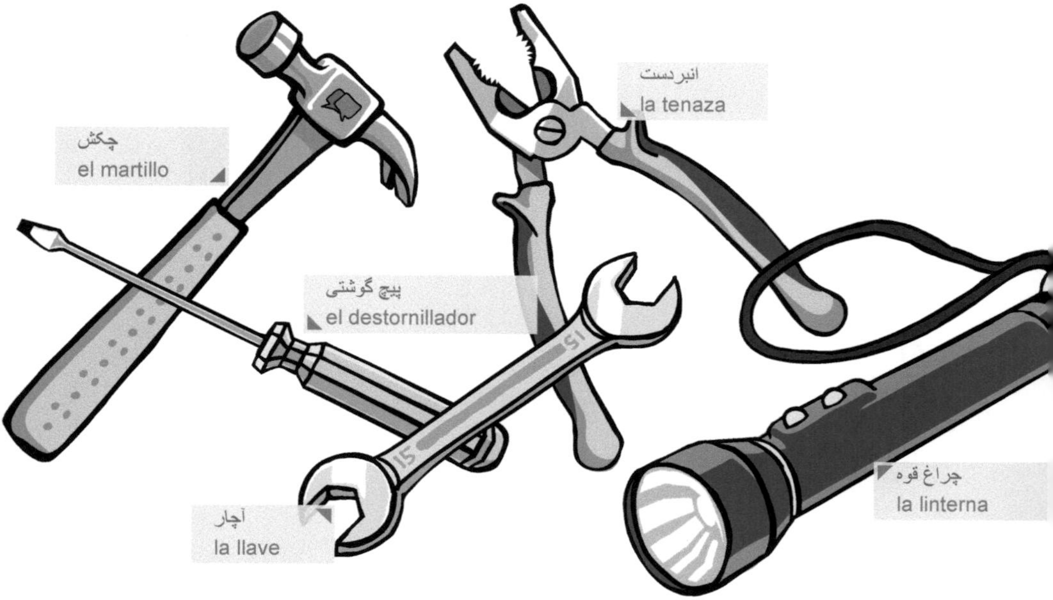

انبردست
la tenaza
چکش
el martillo
پیچ گوشتی
el destornillador
آچار
la llave
چراغ قوه
la linterna

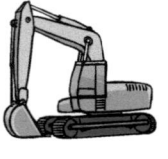

بیل مکانیکی

la excavadora

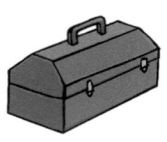

جعبه ابزار

la caja de herramientas

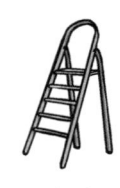

نردبان

la escalera portátil

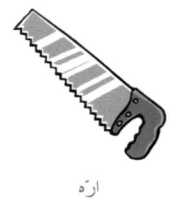

ارّه

la sierra

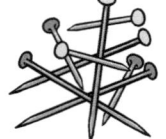

میخ

los clavos

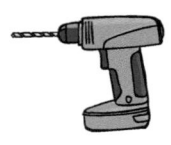

مته

el taladro

تعمیر کردن

arreglar

بیل

la pala de jardín

لعنتی!

¡Qué bronca!

خاک انداز

la pala de plástico

سطل رنگرزی

el tacho de pintura

پیچ

los tornillos

آلات موسیقی

los instrumentos musicales

بلندگو
el parlante

درامز
la batería

گیتار
la guitarra

کنترباس
el contrabajo

ترومپت
la trompeta

پیانو

el piano

ویولن

el violín

گیتار بیس

el bajo

تیمپانی

los timbales

طبل

el tambor

کیبورد الکتریک

el teclado

ساکسیفون

el saxofón

فلوت

la flauta

میکروفون

el micrófono

باغ وحش

el zoológico

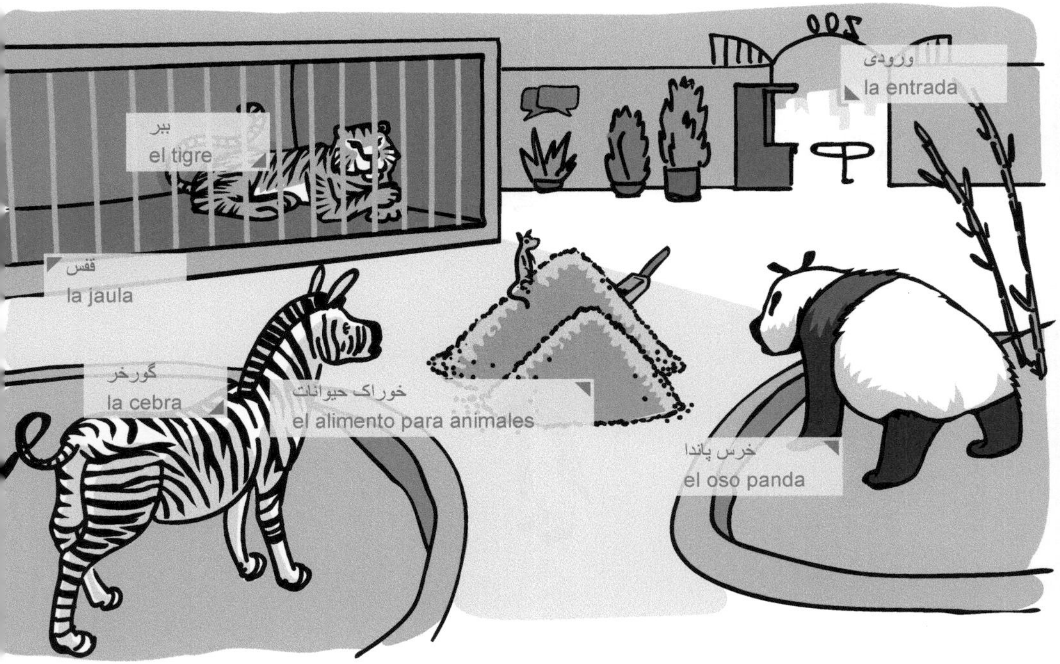

ورودی
la entrada
ببر
el tigre
قفس
la jaula
گورخر
la cebra
خوراک حیوانات
el alimento para animales
خرس پاندا
el oso panda

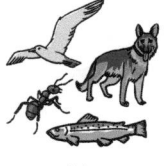

حیوانات

los animales

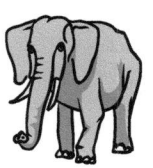

فیل

el elefante

کانگورو

el canguro

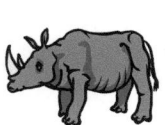

کرگدن

el rinoceronte

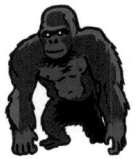

گوریل

el gorila

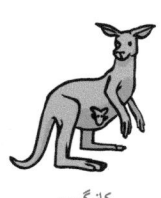

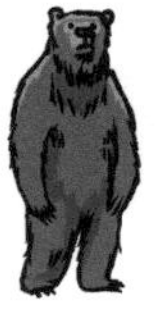

خرس

el oso

شُتَر

el camello

شُترمرغ

el avestruz

شیر

el león

میمون

el mono

فلامینگو

el flamenco

طوطی

el loro

خرس قطبی

el oso polar

پنگوئن

el pingüino

کوسه

el tiburón

طاووس

el pavo real

مار

la serpiente

تمساح

el cocodrilo

نگهبان باغ وحش

el cuidador del zoológico

خوک آبی

la foca

پلنگ امریکایی

el jaguar

اسب کوچک
....
el poni

پلنگ
....
el leopardo

اسب آبی
....
el hipopótamo

زرافه
....
la jirafa

عقاب
....
el águila

گراز
....
el jabalí

ماهی
....
el pescado

لاک پشت
....
la tortuga

شیرماهی
....
la morsa

روباه
....
el zorro

غزال
....
la gacela

فوتبال آمریکایی
el fútbol americano

دوچرخه سواری
el ciclismo

تنیس
el tenis

بسکتبال
el básquet

شنا
la natación

بوکس
el boxeo

هاکی روی یخ
el hockey sobre hielo

فوتبال
....
el fútbol

بدمینتون
....
el bádminton

دوومیدانی
....
el atletismo

هندبال
....
el handball

اسکی
....
el esquí

پولو
....
el polo

فعالیت ها

las actividades

خندیدن
reír
پریدن
saltar
بغل کردن
abrazar
راه رفتن
caminar
آواز خواندن
cantar
رؤیا دیدن
soñar
دعا کردن
rezar
بوسیدن
besar

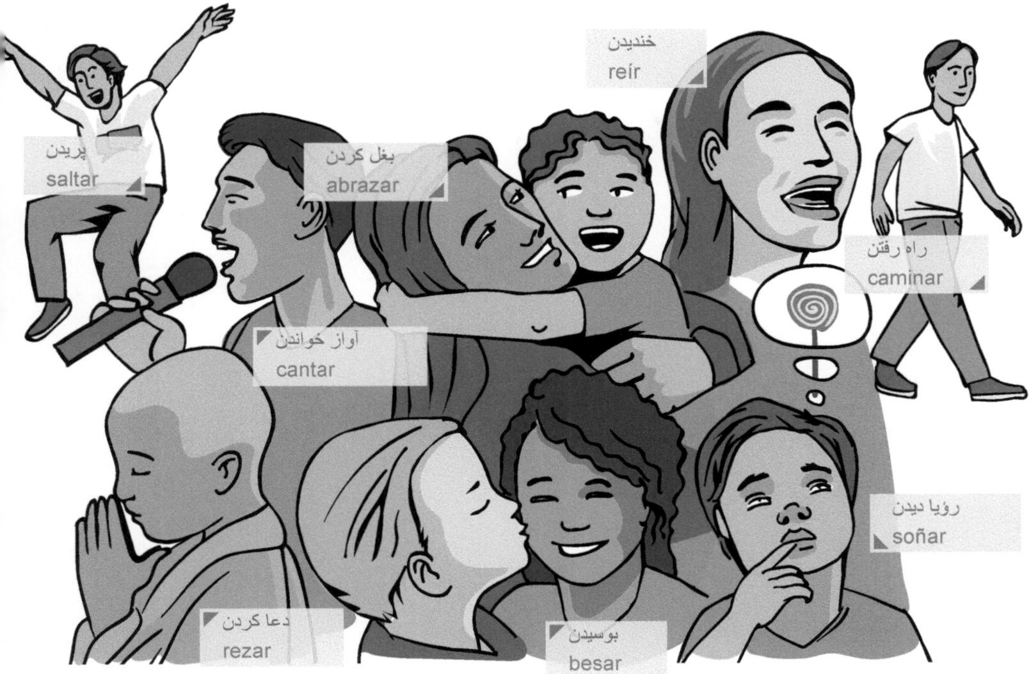

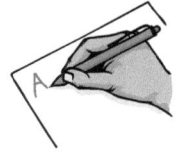

نوشتن

escribir

رسم کردن

dibujar

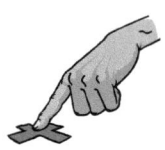

نشان دادن

mostrar

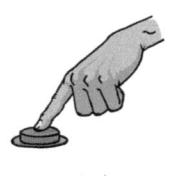

هل دادن

presionar

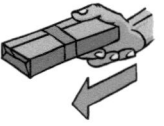

دادن

dar

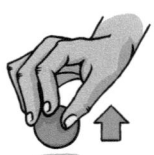

برداشتن

tomar

داشتن

tener

انجام دادن

hacer

بودن

ser

ایستادن

estar parado

دویدن

correr

کشیدن

tirar

پرتاب کردن

tirar

افتادن

caer

دراز کشیدن

estar acostado

منتظر بودن

esperar

حمل کردن

llevar

نشستن

estar sentado

لباس پوشیدن

vestirse

خوابیدن

dormir

بیدار شدن

despertar

تماشا کردن
mirar

گریه کردن
llorar

نوازش کردن
acariciar

شانه کردن
peinar

حرف زدن
hablar

فهمیدن
entender

پرسیدن
preguntar

شنیدن
escuchar

آشامیدن
beber

خوردن
comer

مرتب کردن
ordenar

عاشق بودن
amar

پختن
cocinar

رانندگی کردن
manejar

پرواز کردن
volar

قایقرانی کردن

navegar

محاسبه کردن

calcular

خواندن

leer

یاد گرفتن

aprender

کار کردن

trabajar

ازدواج کردن

casarse

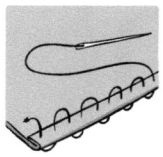

دوختن

coser

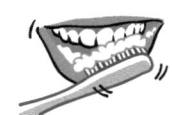

مسواک زدن

cepillarse los dientes

کشتن

matar

سیگار کشیدن

fumar

فرستادن

enviar

خانواده

la familia

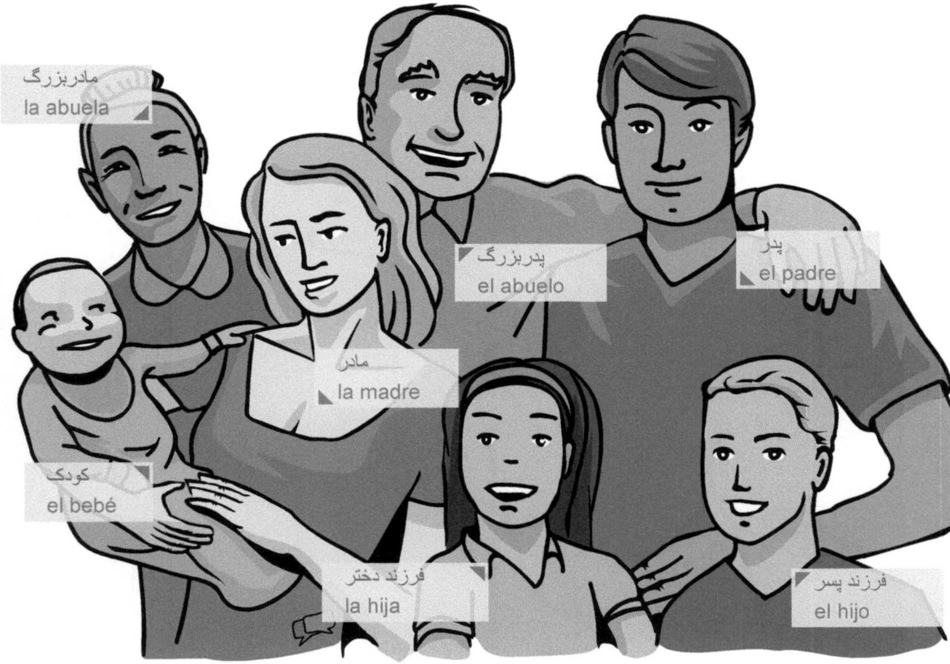
مادربزرگ
la abuela
پدربزرگ
el abuelo
پدر
el padre
مادر
la madre
کودک
el bebé
فرزند دختر
la hija
فرزند پسر
el hijo

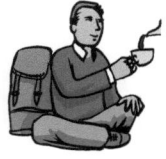

مهمان

el invitado

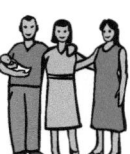

خاله، عمه

la tía

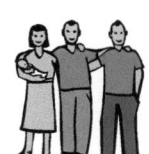

دایی، عمو

el tío

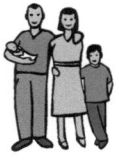

برادر

el hermano

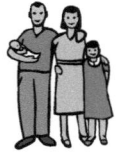

خواهر

la hermana

بدن

el cuerpo

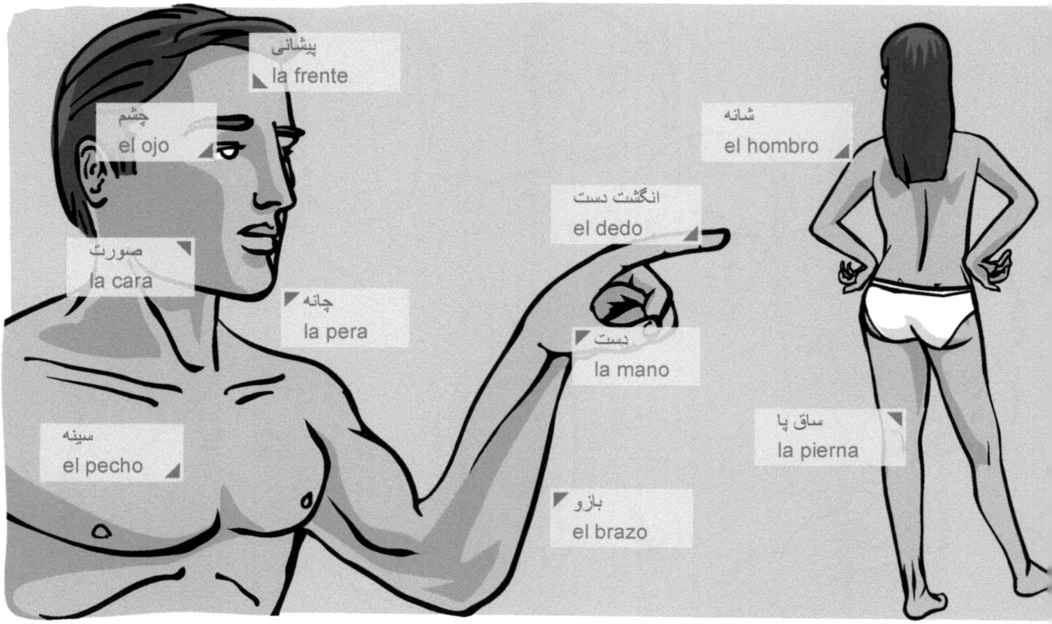

پیشانی
la frente

چشم
el ojo

شانه
el hombro

انگشت دست
el dedo

صورت
la cara

چانه
la pera

دست
la mano

سینه
el pecho

ساق پا
la pierna

بازو
el brazo

کودک

el bebé

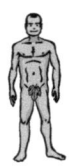

مرد

el hombre

زن

la mujer

دختربچه

la nena

پسربچه

el nene

کله

la cabeza

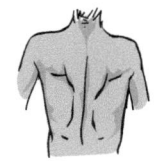

کمر

la espalda

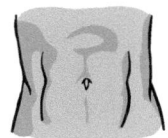

شکم

la panza

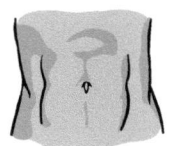

ناف

el ombligo

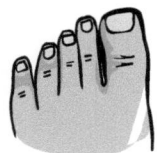

انگشت پا

el dedo del pie

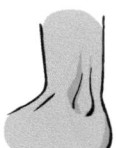

پاشنه

el talón

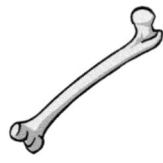

استخوان

el hueso

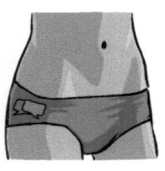

لگن

la cadera

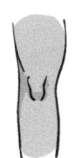

زانو

la rodilla

آرنج

el codo

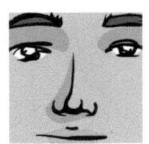

بینی

la nariz

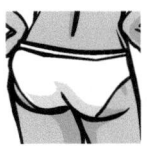

نشیمنگاه

la cola

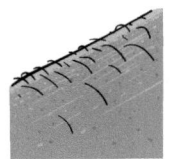

پوست

la piel

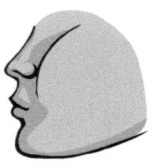

گونه

el cachete

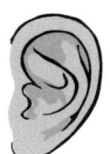

گوش

la oreja

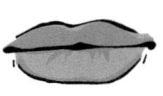

لب

el labio

دهان

la boca

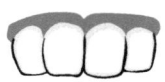

دندان

el diente

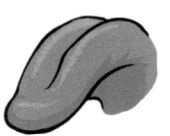

زبان

la lengua

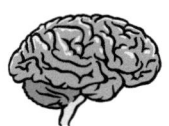

مغز

el cerebro

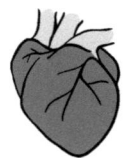

قلب

el corazón

عضله

el músculo

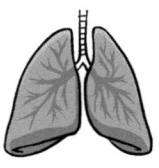

ریه

el pulmón

کبد

el hígado

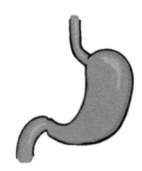

معده

el estómago

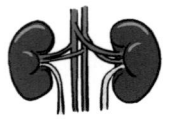

کلیه

los riñones

آمیزش جنسی

el sexo

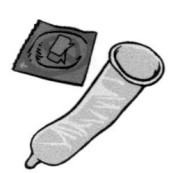

کاندوم

el preservativo

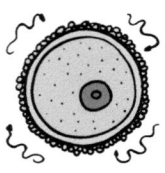

تخمک

el óvulo

اسپرم

el semen

حاملگی

el embarazo

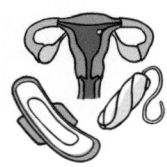

پریود
la menstruación

واژن
la vagina

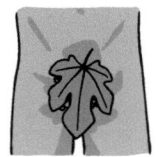

آلت تناسلی مرد
el pene

ابرو
la ceja

مو
el pelo

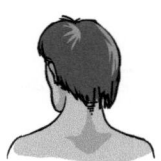

گردن
el cuello

بیمارستان
el hospital

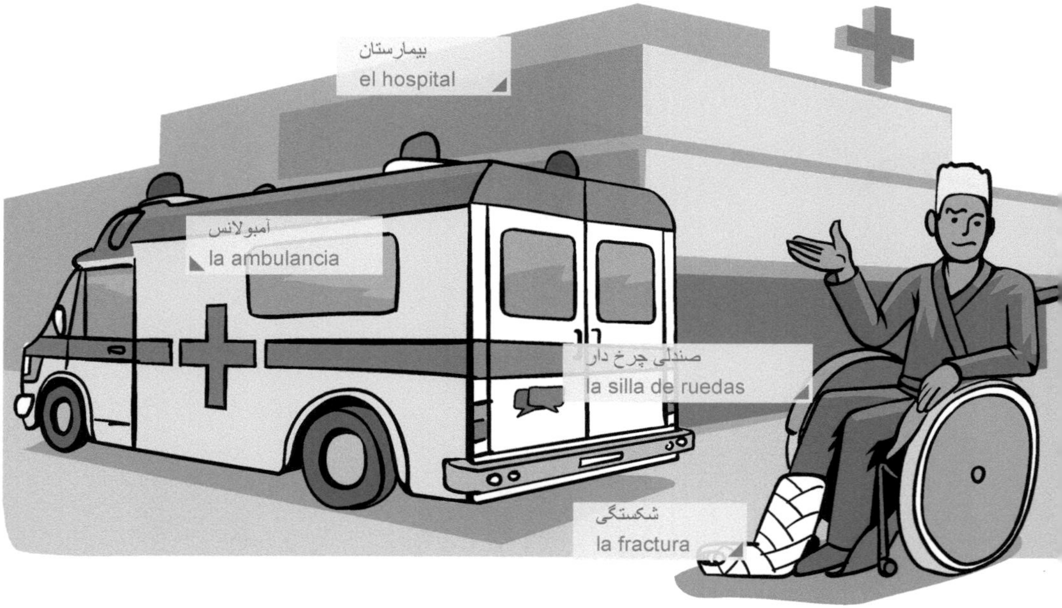

بیمارستان
el hospital
آمبولانس
la ambulancia
صندلی چرخ دار
la silla de ruedas
شکستگی
la fractura

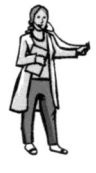

دکتر

el médico

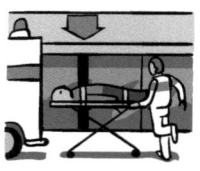

بخش اورژانس

la sala de guardia

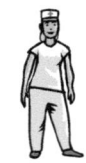

پرستار

la enfermera

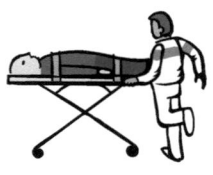

موقعیت اضطراری

la emergencia

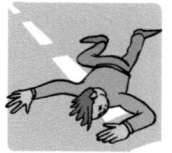

بی هوش

inconsciente

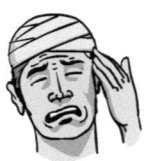

درد

el dolor

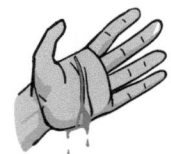

مصدوميت

la lesión

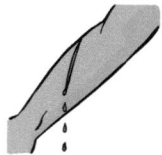

خونريزى

la hemorragia

سكته قلبى

el infarto

سكته مغزى

el ACV

آلرژى

la alergia

سرفه

la tos

تب

la fiebre

آنفولانزا

la gripe

اسهال

la diarrea

سردرد

el dolor de cabeza

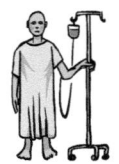

سرطان

el cáncer

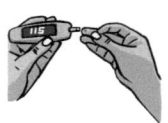

ديابت

la diabetes

جراح

el cirujano

چاقوى جراحى

el bisturí

عمل جراحى

la operación

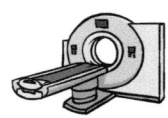

سی تی اسکن

la TC

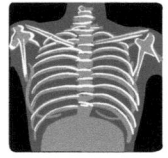

پرتونگاری

los rayos x

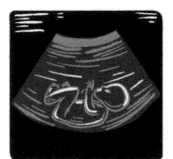

سونوگرافی

la ecografía

ماسک صورت

el barbijo

بیماری

la enfermedad

اتاق انتظار

la sala de espera

چوب زیر بغل

la muleta

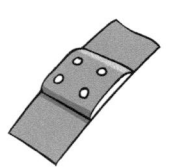

چسب زخم

la curita

پانسمان

la venda

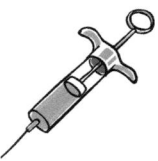

تزریق

la inyección

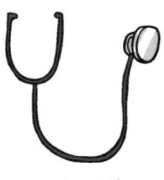

گوشی طبی

el estetoscopio

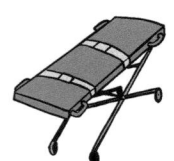

برانکار

la camilla

دماسنج

el termómetro

زایش

el nacimiento

اضافه وزن

el sobrepeso

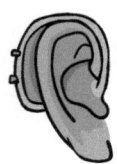

سمعک

el audífono

ماده ضد غفونی کننده

el desinfectante

عفونت

la infección

ویروس

el virus

اچ أی وی / ایدز

el VIH / SIDA

دارو

el remedio

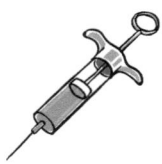

واکسیناسیون

la vacunación

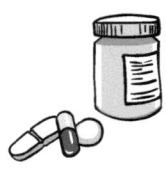

قرص

los comprimidos

قرص ضد حاملگی

la pastilla anticonceptiva

تماس اظطراری

la llamada de emergencia

دستگاه اندازه گیری فشارخون

el tensiómetro

مریض / سالم

enfermo / sano

کمک!

¡Ayuda!

آژیر خطر

la alarma

حمله

la agresión

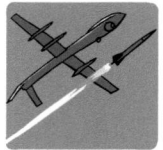

حمله ی فیزیکی

el ataque

خطر

el peligro

خروج اضطراری

la salida de emergencia

آتش

¡Fuego!

کپسول آتش‌نشانی

el matafuego

تصادف

el accidente

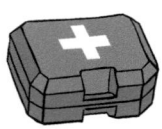

جعبه کمک های اولیه

el botiquín de primeros
auxilios

درخواست کمک

el SOS

پلیس

la policía

اروپا

Europa

آمریکای شمالی

América del Norte

آمریکای جنوبی

América del Sur

آفریقا

África

آسیا

Asia

استرالیا

Australia

اقیا نوس اطلس

el Atlántico

اقیانوس آرام

el Pacífico

اقیانوس هند

el Océano Índico

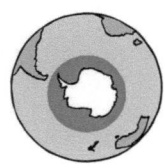

اقیا نوس اطلس جنوبی

el Océano Antártico

اقیانوس منجمد شمالی

el Océano Ártico

قطب شمال

el polo norte

قطب جنوب

el polo sur

قاره قطب جنوب

la Antártida

كره زمين

la Tierra

سرزمين

la tierra

دريا

el mar

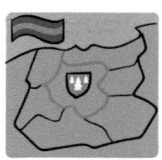

جزيره

la isla

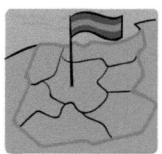

ملت

la nación

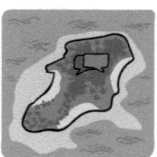

كشور

el estado

صفحه ی ساعت

la esfera

ساعت شمار

la manecilla de las horas

دقیقه شمار

el minutero

ثانیه شمار

el segundero

ساعت چند است؟

¿Qué hora es?

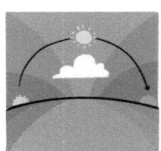

روز

el día

زمان

la hora

اکنون

ahora

ساعت دیجیتال

el reloj digital

دقیقه

el minuto

ساعت

la hora

la semana

دوشنبه
lunes

چهارشنبه
miércoles

جمعه
viernes

سه شنبه
martes

شنبه
sábado

پنج شنبه
jueves

یک شنبه
domingo

دیروز
ayer

امروز
hoy

فردا
mañana

صبح
la mañana

ظهر
el mediodía

بوروغ
la tarde

MO	TU	WE	TH	FR	SA	SU
1	2	3	4	5	6	7
8	9	10	11	12	13	14
15	16	17	18	19	20	21
22	23	24	25	26	27	28
29	30	31	1	2	3	4

روزهای کاری
los días hábiles

MO	TU	WE	TH	FR	SA	SU
1	2	3	4	5	6	7
8	9	10	11	12	13	14
15	16	17	18	19	20	21
22	23	24	25	26	27	28
29	30	31	1	2	3	4

آخر هفته
el fin de semana

سال

el año

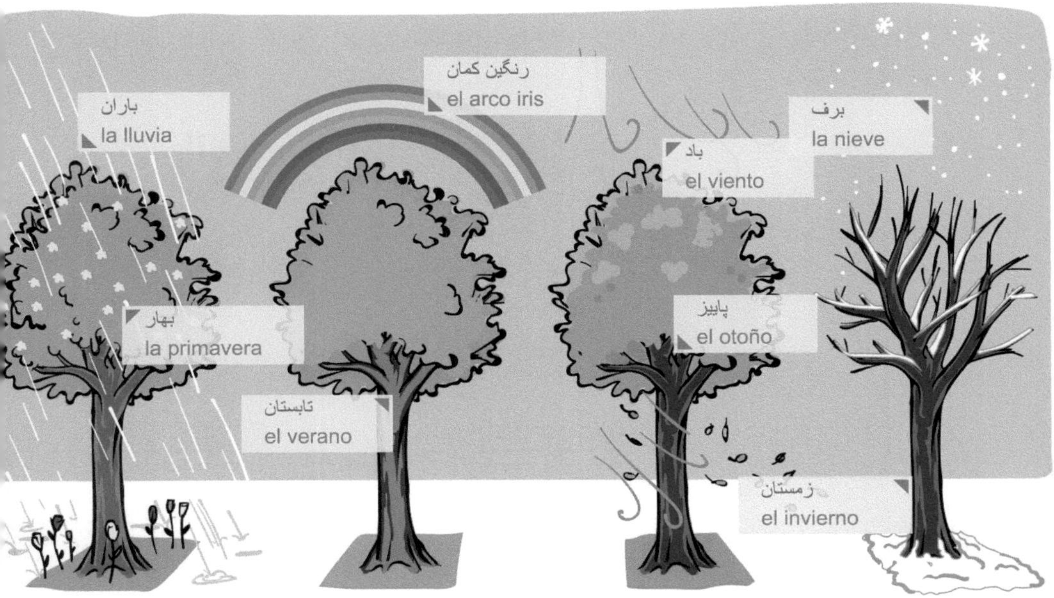

باران
la lluvia
رنگین کمان
el arco iris
برف
la nieve
باد
el viento
بهار
la primavera
پاییز
el otoño
تابستان
el verano
زمستان
el invierno

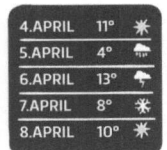

4.APRIL 11°
5.APRIL 4°
6.APRIL 13°
7.APRIL 8°
8.APRIL 10°

پیش‌بینی اوضاع جوی

l pronóstico meteorológico

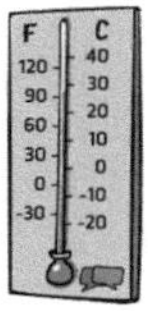

F
C
120
90
60
30
0
-30
40
30
20
10
0
-10
-20

دماسنج

el termómetro

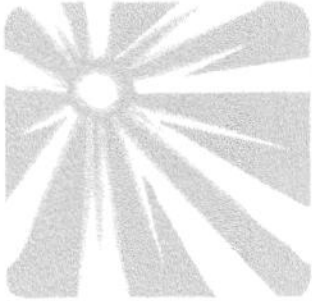

تابش آفتاب

la luz del sol

ابر

la nube

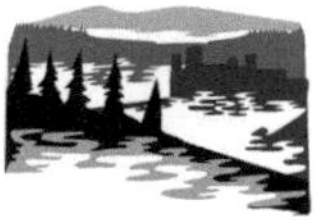

مِه

la niebla

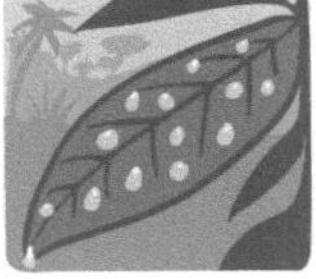

رطوبت هوا

la humedad

صاعقه

el rayo

آسمان غره

el trueno

طوفان

la tormenta

تگرگ

el granizo

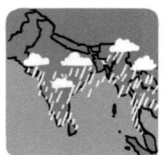

باد موسمی

el monzón

سیل

la inundación

یخ

el hielo

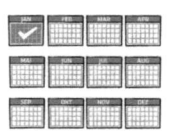

ژانویه

enero

فوریه

febrero

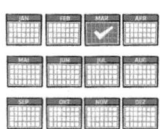

مارس

marzo

آوریل

abril

مه

mayo

ژوئن

junio

ژوئیه

julio

آگوست

agosto

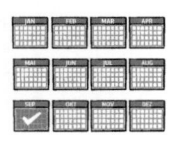

سپتامبر

septiembre

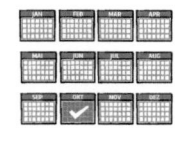

أكتبر

octubre

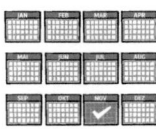

نوامبر

noviembre

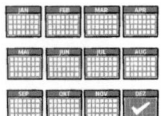

دسامبر

diciembre

أشكال

las formas

دايره

el círculo

مربع

el cuadrado

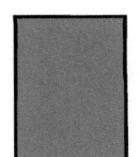

مستطيل

el rectángulo

سه گوش

el triángulo

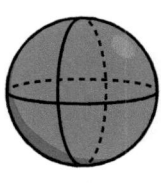

گره

la esfera

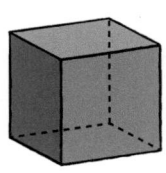

مكعب مربع

el cubo

سفید

blanco

زرد

amarillo

نارنجی

naranja

صورتی

rosa

قرمز

rojo

بنفش

violeta

آبی

azul

سبز

verde

قهوه ای

marrón

خاکستری

gris

سیاه

negro

خیلی / کم

mucho / poco

خشمگین / آرام

enojado / tranquilo

زیبا / زشت

lindo / feo

شروع / پایان

el principio / el fin

بزرگ / کوچک

grande / chico

روشن / تیره

claro / oscuro

برادر / خواهر

el hermano / la hermana

تمیز / آلوده

limpio / sucio

کامل / ناقص

completo / incompleto

روز / شب

el día / la noche

مرده / زنده

muerto / vivo

پهن / باریک

ancho / angosto

قابل خوردن / غیر قابل خوردن

comestible / no comestible

غضبناک / مهربان

malo / amable

هیجان زده / بی حوصله

entusiasmado / aburrido

چاق / لاغر

gordo / flaco

اولین / آخرین

primero / último

دوست / دشمن

el amigo / el enemigo

پر / خالی

lleno / vacío

سفت / نرم

duro / blando

سنگین / سبک

pesado / liviano

گرسنگی / تشنگی

el hambre / la sed

مریض / سالم

enfermo / sano

غیرقانونی / قانونی

ilegal / legal

باهوش / خنگ

inteligente / estúpido

چپ / راست

izquierda / derecha

نزدیک / دور

cerca / lejos

نو / استفاده شده
nuevo / usado

هیچ چیز / چیزی
nada / algo

پیر / جوان
viejo / joven

روشن / خاموش
encendido / apagado

باز / بسته
abierto / cerrado

أهسته / بلند
silencioso / ruidoso

ثروتمند / فقیر
rico / pobre

درست / غلط
correcto / incorrecto

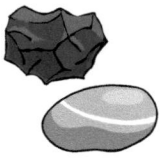

زبر / صاف
áspero / suave

غمگین / خوشحال
triste / contento

کوتاه / بلند
corto / largo

کند / تند
lento / rápido

تَر / خشک
mojado / seco

گرم / خنک
caliente / frío

جنگ / صلح
guerra / paz

متضاد ها - los opuestos

اعداد

los números

0	**1**	**2**
صفر	یک	دو
cero	uno	dos
3	**4**	**5**
سه	چهار	پَنج
tres	cuatro	cinco
6	**7**	**8**
شُش	هفت	هشت
seis	siete	ocho
9	**10**	**11**
نه	دَه	یازده
nueve	diez	once

12

دوازده

doce

13

سیزده

trece

14

چهارده

catorce

15

پانزده

quince

16

شانزده

dieciséis

17

هفده

diecisiete

18

هجده

dieciocho

19

نوزده

diecinueve

20

بیست

veinte

100

صد

cien

1.000

هزار

mil

1.000.000

میلیون

el millón

انگلیسی
....
el inglés

انگلیسی آمریکایی
....
el inglés americano

چینی ماندارین
....
el chino mandarín

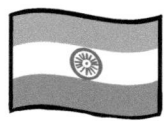

هندی
....
el hindi

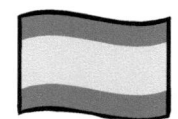

اسپانیایی
....
el español

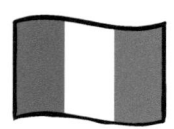

فرانسوی
....
el francés

عربی
....
el árabe

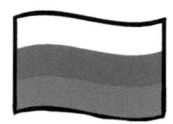

روسی
....
el ruso

پرتغالی
....
el portugués

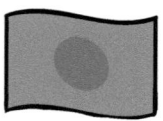

بنگالی
....
el bengalí

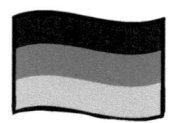

آلمانی
....
el alemán

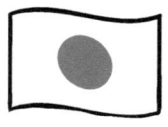

ژاپنی
....
el japonés

من

yo

تو

vos

او

él / ella

ما

nosotros

شما

ustedes

آنها

ellos

چه کسی؟ کی؟

¿quién?

چی؟

¿qué?

چگونه؟

¿cómo?

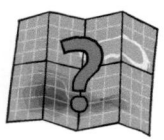

کجا؟

¿dónde?

کی؟

¿cuándo?

نام

el nombre

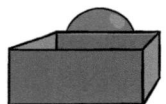

پِشت

detrás

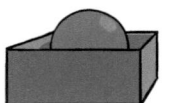

تَوی

en

جلو

adelante de

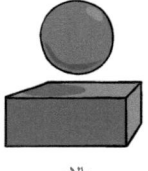

بالای

por encima de

روی

sobre

زیر

debajo de

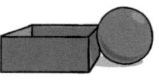

مجاور

al lado de

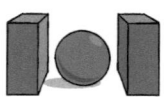

بین

entre

مکان

el lugar